Anne Scheller
Materialien und Kopiervorlagen
zur Klassenlektüre

Anne Scheller

Das Schattengespenst

Mit spannenden Experimenten
zu Licht und Schatten

Hase und Igel®

Inhalt

Das Buch / Das Material 3

Hinweise zur Unterrichtsgestaltung und zu den Kopiervorlagen 4

Kopiervorlagen:

Vor der Lektüre
Zum Buch 13

1. Kapitel
Der Viel-Platz-Spielplatz
Die Einstein-Detektive 14
Alles zusammengesetzt 15
Versuchsprotokoll 16
Wie groß ist ein Schatten? 17

2. Kapitel
Ein Geist mit Hörnern
Zeugenbefragung 18
So rot wie 19
Ein doppelter Schatten 20

3. Kapitel
Fall gelöst?
Neue Ermittlungen 21
Geschichte eines Schattens 22
Bunte Schatten 23

4. Kapitel
Schnüffler bei der Arbeit
Spurensuche 24
Cosmo und Sara ermitteln 25
Licht und Schatten lenken 26

5. Kapitel
Eine heiße Spur
Den Tätern auf der Spur 27
Das Versteck 28
Spiegelbild im Wasser 29

6. Kapitel
Der Spuk hat ein Ende
Fall gelöst 30
Weißt du Bescheid? 31

Nach der Lektüre
Meine Buchbewertung 32

www.hase-und-igel.de
Lektorat: Eva Christian
Illustrationen: Irmtraud Guhe
Satz: Arnold & Domnick GbR, Leipzig
Druck: Joh. Walch GmbH & Co. KG, Augsburg

ISBN 978-3-86316-265-8

Das Buch

Die Lektüre „Die Einstein-Detektive: Das Schattengespenst" ist eine spannende Detektivgeschichte, die ein besonderes Extra für den Einsatz in der Schule bietet. Sie beinhaltet nicht nur einen spannenden Fall um einen vermeintlichen Geist, der Kinder von einem Spielplatz vertreibt. Vielmehr regt sie die jungen Leser zum Miträtseln und Mitmachen an. Die Protagonisten Cosmo und Sara sind als Einstein-Detektive dem Gespenst auf der Spur und setzen bei ihren Ermittlungen verschiedene Licht-und-Schatten-Experimente ein. Am Ende jedes Kapitels führen die Schülerinnen und Schüler diese Versuche selbst durch und helfen so bei der Lösung des verzwickten Falls.

Warum ist der Spielplatz wie leer gefegt? Nach mehreren Sichtungen eines gruseligen Riesengeistes trauen sich die meisten Kinder der Umgebung nicht mehr dorthin. Doch Sara glaubt nicht an Geister. Zusammen mit ihrem Freund Cosmo will sie herausfinden, was wirklich los ist. Die Einstein-Detektive befragen Zeugen und begeben sich auf Spurensuche. Dabei stoßen sie auf erstaunliche Phänomene: Kann der Schatten eines Menschen vier Meter hoch sein? Existieren auch bunte Schatten? Und lässt sich Licht um die Ecke lenken?

Eine heiße Spur gibt es, als Sara und Cosmo direkt neben dem Spielplatz das Versteck einer Kinderbande entdecken, die sich *Die Mützen* nennt. Die Einstein-Detektive beobachten die Kinder und stellen fest: Diese Bande ist für die Schattengespenster verantwortlich. *Die Mützen* wollten die kleineren Kinder vertreiben, um den Spielplatz für sich allein zu haben. Bevor die beiden Detektive die Bande zur Rede stellen, lassen sie die älteren Kinder ihre eigene Medizin kosten und erschrecken sie mit einem kleinen „Spuk". Nicht zuletzt deshalb sehen *Die Mützen* schließlich ein, dass ihr Einfall mit dem Schattengespenst ziemlich gemein war. Künftig können die anderen Kinder wieder auf den Spielplatz kommen, ohne sich fürchten zu müssen.

Das Buch ist aufgrund seines Gesamtumfangs, der Kapitellänge, Sprache und Schriftgröße für Schüler ab der zweiten Jahrgangsstufe geeignet, die bereits sicher lesen können. Als Lektüre findet es seinen Einsatzort im Deutschunterricht, kann aber aufgrund der enthaltenen Experimente auch fächerübergreifend im Sachunterricht genutzt werden.

Die lehrplanrelevanten Experimente drehen sich um den Themenbereich „Licht und Schatten". Wenn die Schüler die Versuche selbst durchführen, werden nicht nur Sachkenntnisse aufgebaut, sondern auch Kompetenzen aus dem Fach Mathematik trainiert (z. B. der Umgang mit Maßen und Zeiteinheiten).

Das Material

Das Material geht auf die Schwerpunkte der Lektüre ein und deckt verschiedene Themenbereiche nicht nur des Faches Deutsch, sondern auch des Sachunterrichts ab. Für jedes Kapitel werden Kopiervorlagen zum Textverständnis, zur Spracharbeit und zur Aufbereitung der Versuche aus dem Buch angeboten. Diese Arbeitsblätter sind so gestaltet, dass sich die Kinder Material und Durchführung der Experimente mit einfachen Aufträgen selbst erarbeiten können. Das ist vorteilhaft gegenüber einer vorgegebenen Versuchsanleitung, da die Schüler dadurch ihr Textverständnis trainieren und zugleich den Versuchsaufbau nachhaltiger verinnerlichen. Eingeübt werden u. a. das Benennen von Geräten und Werkzeugen sowie deren Einsatz. Im Fach Deutsch stehen insbesondere das Training des sinnentnehmenden Lesens und das Verstehen und Umsetzen von Vorgangsbeschreibungen im Fokus. Im Teilbereich Sprache werden beispielsweise zusammengesetzte Nomen, Synonyme und das Steigern von Adjektiven thematisiert. Abgerundet wird die Sammlung von Kopiervorlagen durch eine Blankovorlage für ein Versuchsprotokoll und ein Kreuzworträtsel.

Jede Kopiervorlage ist mit einer Symbolleiste versehen, die auf den ersten Blick deutlich macht, welche Arbeitstechniken gefordert sind.

Ich wünsche Ihnen und Ihrer Klasse viel Spaß mit dem spannenden Fall und den Experimenten von Sara und Cosmo.

Anne Scheller

Vor der Lektüre

Zur Einführung können Sie die Kinder über das Titelbild zum Thema des Buches leiten. Nutzen Sie dazu die Kopiervorlage von Seite 13.

Im Anschluss daran geben Sie das Buch an die Kinder aus. Lesen Sie gemeinsam Titel, Untertitel und Rückseitentext. Passen die Vermutungen und kurzen Geschichten der Schüler vom Arbeitsblatt jetzt noch? Welche Abweichungen sind erkennbar? Und was hat zu den Vermutungen geführt, die nicht zum Titel der Lektüre passen?

Hinweise zur Kopiervorlage

KV Seite 13

Zum Buch
Auf dieser Kopiervorlage ist das Bild vom Buchcover ohne weitere Informationen wie den Titel zu sehen. Im ersten Schritt geht es um genaues Hinschauen und Beschreiben. Mit den Aufgaben 2 und 3 gelangen die Kinder dann vom Bildinhalt zu Vermutungen über den Inhalt des Buches. Hier gibt es kein „Richtig" und kein „Falsch", aber natürlich sollten die Spekulationen der Schüler nicht aus der Luft gegriffen sein.

Lösung
Aufgabe 1:
z. B. Zwei Kinder schauen mit offenen Mündern um eine Hausecke herum. An der Hauswand ist ein Schatten mit Hörnern zu sehen. Im Hintergrund stehen zwei Kinder auf einem Spielplatz.

Weiterführende Anregung
Sprechen Sie mit den Kindern über den Reihentitel „Die Einstein Detektive" und fragen Sie das Vorwissen zum Physiker Albert Einstein ab. Knappe und einfach verständliche Hintergrundinformationen sowie Bildmaterial zu dem Wissenschaftler finden Sie beispielsweise unter *https://www.zdf.de/kinder/logo/albert-einstein-102.html.*

Lassen Sie die Schüler Vermutungen anstellen, weshalb die Kinder auf dem Buchcover Einstein-Detektive genannt werden. Was könnten sie mit dem Wissenschaftler gemeinsam haben? Was unterscheidet sie dann von „normalen" Detektiven?

1. Kapitel
Der Viel-Platz-Spielplatz

Inhalt

Zu Beginn des Kapitels treffen sich Cosmo und Sara, die beiden Einstein-Detektive, bei Sara zu Hause. Ihnen ist langweilig, weshalb sie auf Cosmos Vorschlag hin eine Magnetangel für ihre Detektivausrüstung basteln. Mit dieser begeben sich die Kinder dann auf Spurensuche. Dabei kommen sie auch zum Spielplatz. Dieser ist erstaunlich leer, erst etwas später tauchen zwei ziemlich ängstlich aussehende Mädchen auf. Diese berichten Cosmo und Sara von einem riesigen Schattengespenst, das auf dem Spielplatz sein Unwesen treibe und alle Kinder vertrieben habe. Sara glaubt nicht an Gespenster und ist sich sicher, dass der Schatten von einem Menschen stammen muss. Doch Cosmo bezweifelt, dass ein Mensch einen so großen Schatten werfen kann. Mit einem Experiment wollen die beiden für Klarheit sorgen – und so ihren neuen Fall lösen.

Gesprächs- und Schreibanlässe

Cosmo und Sara ist langweilig.
- Was machst du, wenn dir langweilig ist? Mit welchen Hobbys vertreibst du dir die Zeit?
- Welches Hobby würdest du gerne neu anfangen? Warum?

Sara und Cosmo sind Detektive.
- Was gehört zu den Aufgaben von Detektiven? Wofür werden sie gebraucht?
- Hast du auch schon mal Detektiv gespielt? In welchem Fall hast du ermittelt?

Cosmo und Sara gehen auf den Spielplatz.
- Was machst du gern auf dem Spielplatz? Was ist dein liebstes Spielgerät?
- Magst du es, wenn viele Kinder auf dem Spielplatz sind? Oder findest du es besser, wenn es leer ist? Warum?

Hinweise zu den Kopiervorlagen

KV Seite 14

Die Einstein-Detektive

Hier steht das Textverständnis der Schüler im Fokus. Wird während der Lektüre eine Mappe geführt, in der alle dazugehörigen Arbeitsblätter gesammelt werden, eignet sich diese Seite gut als Deckblatt, um die Hauptfiguren vorzustellen.

Lösung
Aufgabe 1:

Name: Sara	Name: Cosmo
Bester Freund: Cosmo	Beste Freundin: Sara
Hobbys: Sport, als Einstein-Detektivin ermitteln	Hobbys: basteln, als Einstein-Detektiv ermitteln
Familie: Mama und Papa, beide arbeiten	Familie: Papa und Schwester Clara

Aufgabe 2:
Saras Kinderzimmer, Spielplatz, Hof hinter Saras Haus, Bushaltestelle

Alles zusammengesetzt

Verständnis und Verwendung zusammengesetzter Nomen gehören zu den Kompetenzerwartungen für die 2. Jahrgangsstufe. Dementsprechend setzen sich die Kinder hier mit einigen Beispielwörtern auseinander, die im Buch vorkommen. Neben dem richtigen Zusammenfügen wird auch die Verwendung des korrekten Artikels trainiert. Begleitend zur Aufgabe 2 kann an der Tafel als Merksatz notiert werden, dass der Artikel eines zusammengesetzten Nomens immer dem Artikel des zweiten Wortteils entspricht. Bei den Aufgaben 3 und 4 wird dann mit der Kopplung (auch Durchkopplung oder Aneinanderreihung genannt) eine andere Form der Wortbildung kurz aufgegriffen. Sie kommt zum Einsatz, wenn neue Begriffe gebildet oder Bestandteile miteinander verbunden werden, die normalerweise durch Leerzeichen getrennt sind (z. B. Astrid-Lindgren-Roman, 2-kg-Packung).

Lösung
Aufgaben 1 und 2:
die Magnetangel, das Kinderzimmer, der Haustürschlüssel, die Detektivausrüstung, die Mülltonne, die Seilbahn, der Blumenkasten, die Uhrzeit

Aufgabe 3:
Ein Viel-Platz ist ein Spielplatz, auf dem kaum Kinder sind. Deshalb gibt es dort viel Platz.

Versuchsprotokoll

Alle Versuche aus der Lektüre sind ungefährlich, relativ einfach mit alltäglichen Materialien durchführbar und können von den Kindern auch zu Hause gemacht werden. Um die Durchführung nachvollziehbar festzuhalten, kann dieses Versuchsprotokoll genutzt werden. Es empfiehlt sich, das erste Experiment im Unterricht gemeinsam auszuprobieren, um den Umgang mit dem Protokoll einzuüben. Wichtig ist, dass dieses parallel zum Experiment ausgefüllt wird, damit Vermutungen wirklich vorab festgehalten werden.

Weiterführende Anregung
Um die Lernentwicklung zu dokumentieren, bietet sich eine Portfolioarbeit an. Dazu erstellen die Kinder ein Forscherbuch. Benötigt wird dafür eine Mappe. Das Deckblatt zum Thema Licht und Schatten können die Schüler selbst frei gestalten. Es empfiehlt sich, dies erst dann anzulegen, wenn zumindest das 1. Kapitel der Geschichte gelesen wurde und ein erstes Verständnis für das Thema aufgebaut ist. Zu jedem Experiment der Lektüre wird das Versuchsprotokoll ausgefüllt. Auch die weiteren ausgefüllten Arbeitsblätter können im Forscherbuch abgeheftet werden.

Wie groß ist ein Schatten?

Im Fokus der Kopiervorlage steht ein Versuch zur unterschiedlichen Länge von Schatten. Die Schattenlänge hängt nicht nur von der Uhrzeit, sondern auch stark von der Jahreszeit ab. Im Sommer, wenn die Sonne höher steht, sind die Schatten tendenziell kürzer als im Winter, wenn sie tiefer steht. Dennoch kann der Versuch zu allen Jahreszeiten durchgeführt werden. Nicht die genaue Länge des Schattens ist entscheidend, sondern die grundlegenden Beobachtungen (siehe Seite 6).

Die Durchführung kann aus praktischen Gründen über mehrere Tage ausgedehnt werden, z. B. als Hausaufgabe über eine ganze Woche. Wenn die Tabelle am Ende nicht komplett voll ist oder nicht immer exakt zur vollen Stunde gemessen wird, ist das nicht schlimm.

Weisen Sie die Schüler gegebenenfalls darauf hin, dass der Versuch auch allein durchgeführt werden kann. Dazu wird ein Zweig oder Stein auf den Boden gelegt. Das Kind stellt sich dann so hin, dass der Schatten seines Kopfes genau dort endet. Mit einem zweiten Ast oder Stein wird nun die Position der Fußspitzen gekennzeichnet, an denen der Schatten seinen Ausgangspunkt hat. Nun muss nur noch der Abstand zwischen den beiden Markierungen gemessen werden.

Erwartete Beobachtungen:
- Die Länge des Schattens verändert sich im Tagesverlauf.
- Mittags ist der Schatten kürzer als morgens und abends.
- Der Schatten kann sowohl größer als auch kleiner sein als die eigene Körpergröße.

Erklärung: Steht die Sonne tief, ist der Einfallswinkel des Lichtes deutlich kleiner als 90 Grad. Eine gedachte gerade Linie von der Sonne über den Kopf des Kindes hinweg trifft dann erst weit weg vom Kind auf dem Boden auf. Steht die Sonne hoch, bewegt sich der Einfallswinkel des Lichtes in einem Bereich um die 90 Grad. Eine gedachte gerade Linie von der Sonne über den Kopf des Kindes hinweg trifft dann nah beim Kind auf den Boden.

Lösung

Aufgabe 1:
Zettel, Maßband, Uhr, Stift, Sonnenschein

Aufgabe 2:
1. Geh nach draußen an einen sonnigen Platz.
2. Stell dich so, dass die Sonne hinter dir ist.
3. Lass einen Partner die Länge des Schattens messen.
4. Notiere die Uhrzeit in der Tabelle.
5. Notiere die Länge des Schattens in der Tabelle.
6. Wiederhole das Experiment zu verschiedenen Uhrzeiten.

Aufgabe 3:
Morgens und abends ist der Schatten am längsten und zur Mittagszeit am kürzesten. Der Schatten kann dabei größer und auch kleiner sein als die Person, die ihn wirft.

2. Kapitel
Ein Geist mit Hörnern

Inhalt

Nachdem Cosmo und Sara festgestellt haben, dass der Schatten einer Person unterschiedlich groß sein kann, steht für sie fest: Kein Geist, sondern ein Mensch hat die Kinder vertrieben. Sie wollen nun herausfinden, wer dahintersteckt, und suchen dafür Zeugen, die sie befragen können. Diese finden sie in Cosmos kleiner Schwester Carla und ihrem Kindergartenfreund Felix. Die beiden malen lieber zu Hause mit Fingerfarben am Fenster, als sich auf den Spielplatz zu wagen, denn sie haben das Schattengespenst ebenfalls gesehen: Es hatte Hörner und tauchte sogar zweimal nebeneinander auf. Also doch ein echter Spuk? Die Einstein-Detektive haben eine Idee, wie sie mit einem Versuch feststellen können, ob ein Mensch gleichzeitig zwei Schatten werfen kann.

Gesprächs- und Schreibanlässe

Sara und Cosmo überlegen, ob der Schatten von einem Menschen stammt oder ein Geist ist.
- Glaubst du an Geister?
- Warum fürchten sich Menschen vor Gespenstern?
- Welche Geschichten über Geister und Gespenster kennst du?

Clara und Felix malen zu Hause, statt auf den Spielplatz zu gehen.
- Was machst du, wenn du nicht draußen spielen kannst? Was ist deine Lieblingsbeschäftigung im Haus?
- Womit malst du am liebsten? Warum?
- Stell dir vor, du könntest ein Fenster im Klassenzimmer bemalen. Welches Motiv würdest du auswählen und warum?

Hinweise zu den Kopiervorlagen

KV Seite 18
Zeugenbefragung
Die Überprüfung des Leseverständnisses steht im Zentrum dieses Arbeitsblattes. Bei Aufgabe 2 sollen die Schüler vor allem darauf achten, wer die einzelnen Personen sind und was sie tun. Aufgabe 3 kann mit einer veränderten Arbeitsanweisung auch zur Differenzierung genutzt werden. Schnellere Schüler sollen hier versuchen, so viele lustige Quatschsätze wie möglich aufzuschreiben.

Lösung

Aufgabe 1:
am Morgen oder am Abend

Aufgabe 2:
Cosmo und Sara sind Detektive.
Clara und Felix sind Zeugen.
Clara und Felix malen mit Fingerfarben.
Sie bemalen das Fenster.
Clara malt Sterne.
Felix patscht Hände ans Fenster.
Felix' große Schwester heißt Kaja.

Aufgabe 3:
Deine Ohren sind so rot wie Tomaten.

Weiterführende Anregung

Gehen Sie mit den Kindern der Frage nach, was ein Zeuge ist und was eine gute Zeugenaussage enthalten sollte. Hier können Sie die W-Fragen ins Spiel bringen: Was ist passiert? Wer hat etwas getan? Wann ist es geschehen? Wo hat das Ereignis stattgefunden? Bekannte Märchen eignen sich gut, um Zeugenaussagen dazu zu formulieren. Lassen Sie die Kinder beispielsweise die Inhalte von Rotkäppchen, Schneewittchen oder dem Froschkönig anhand der W-Fragen zusammenfassen.

So rot wie ...

Cosmos Aussage „Deine Ohren sind so rot wie Tomaten." zu Clara dient als Aufhänger, um mit dieser Kopiervorlage Vergleiche und Steigerungsformen von Adjektiven einzuüben. Zur Differenzierung können schnelle Schüler weitere Adjektive in der Lektüre suchen und Sätze mit Vergleichen dazu aufschreiben. Hier empfiehlt es sich aber, darauf einzugehen, dass nicht jedes Adjektiv gesteigert werden kann. Zu diesen Ausnahmen gehören beispielsweise „riesig", „echt", „voll" oder „tot".

Lösung

Aufgabe 1:
Gepard – schnell, Elefant – groß, Schnecke – langsam, Mücke – klein, Schmetterling – bunt

Aufgabe 2:
z. B. Der Kletterfelsen auf dem Spielplatz ist so groß wie ein Elefant. Bei den Hausaufgaben ist Susi so langsam wie eine Schnecke. Der Tintenspritzer ist so klein wie eine Mücke. Emmas Kleid ist so bunt wie ein Schmetterling.

Aufgabe 3:
z. B. Der Kletterfelsen auf dem Spielplatz ist größer als ein Elefant. Bei den Hausaufgaben ist Susi langsamer als eine Schnecke. Der Tintenspritzer ist kleiner als eine Mücke. Emmas Kleid ist bunter als ein Schmetterling.

Ein doppelter Schatten

Im Fokus der Kopiervorlage steht der Versuch aus der Lektüre, mit dem festgestellt werden soll, ob ein Objekt zwei Schatten gleichzeitig werfen kann. Es ist wichtig, dass dafür zwei möglichst helle und vor allem gleich starke Lampen verwendet werden.

Erwartete Beobachtungen:

- Die Figur wirft zwei Schatten, die genau gleich aussehen.
- Bewegt man die Lampen von links nach rechts oder umgekehrt, bewegen sich auch die Schatten, obwohl die Figur stillsteht.
- Die Schatten können sich voneinander entfernen, näher zueinander rücken und miteinander verschmelzen.

Erklärung: Der Schatten hängt von der Lichtquelle ab. Bewegt sich diese, bewegt sich auch der Schatten. Gibt es mehrere Lichtquellen, können mehrere Schatten zugleich entstehen.

Lösung

Aufgabe 1:
Du brauchst zwei Taschenlampen und eine Spielfigur.

Aufgabe 2:

4. Bewege die Lampen ein Stück auseinander. Du siehst den Schatten wie bei B.
5. Bewege die Lampen nah zueinander. Du siehst den Schatten wie bei A.

3. Kapitel
Fall gelöst?

Inhalt

Im 3. Kapitel können Sara und Cosmo die anderen Kinder aufgrund der Ergebnisse ihres Experiments zunächst überzeugen, dass es keinen Geist auf dem Spielplatz gibt. Doch bereits zwei Tage später ist das Gelände erneut wie leer gefegt: Der Schattengeist ist wieder aufgetaucht und war nun sogar in unterschiedlichen Farben sichtbar. Als Zeugen befragen Sara und Cosmo diesmal ihre Freunde Cem und Theo, die sie bei ihrer Klassenkameradin Valentina im Garten treffen. Das Mädchen unterstützt die beiden Detektive bei ihren Ermittlungen: Sie kennt ein Experiment, mit dem man ausprobieren kann, ob es bunte Schatten gibt.

Gesprächs- und Schreibanlässe

Sara und Cosmo treffen Theo mit seinem Hund Freddy.
- Hast du ein Haustier? Welches Tier hättest du gern?
- Kann dein Haustier Tricks? Welche? Was würdest du einem Haustier gern beibringen?
- Was ist wichtig, wenn man ein Haustier hat? Worum musst du dich kümmern?

Valentina hilft den Detektiven bei einem Experiment.
- Welche Experimente kennst du bereits? Erzähle von einem Versuch und seinem Ergebnis.
- Zu welchem Thema würdest du gern Experimente machen? Was findest du besonders spannend?

Hinweise zu den Kopiervorlagen

Neue Ermittlungen
Um die Reihenfolge der Ereignisse im 3. Kapitel geht es auf dieser Kopiervorlage. Die Schüler sollen jeweils eine kurze Inhaltszusammenfassung dem entsprechenden Buchabschnitt zuweisen. Damit wird trainiert, bereits gelesene Texte noch einmal zu überfliegen.

Lösung
Aufgabe 1:
1. Seite 28 bis 29: Sara und Cosmo erzählen von ihrem Experiment. Das Ergebnis: Es gibt keinen Spuk.
2. Seite 29 bis 31: Es spielen wieder viele Kinder auf dem Spielplatz. Aber Sara und Cosmo ermitteln weiter.
3. Seite 31 bis 32: Sara und Cosmo erfahren von einem neuen Spuk: einem bunten Schatten.
4. Seite 32 bis 35: Sara und Cosmo suchen Cem und Theo und befragen sie.
5. Seite 35 bis 37: Valentina hilft den Detektiven bei einem Versuch.

Aufgabe 2:
Valentina ist eine Klassenkameradin von Sara und Cosmo.
Der Freund von Sara und Cosmo, der Tiere mag, heißt Theo.
Cem ist der Freund von Sara und Cosmo, der gerne backt.
Der Hund heißt Freddy und gehört Theo.

Geschichte eines Schattens
Hier können die Schüler ihrer Kreativität freien Lauf lassen. Auch unrealistische Lösungen sind erlaubt. Je lustiger oder abwegiger diese sind (z. B. Riese aus einem Märchen oder Alienfrau), desto unterhaltsamer können die Geschichten werden, die die Kinder dazu verfassen. Außerdem fördern gerade fantasievolle Ideen oft die Motivation für das Schreiben.

Weiterführende Anregung
Statt eine Geschichte über den Urheber des Schattens zu schreiben, kann auch aus dessen Sicht formuliert werden. So wird es zur Herausforderung für die Kinder, sich z. B. in einen Riesen, eine Hexe oder einen Außerirdischen hineinzuversetzen.

Bunte Schatten
Diese Kopiervorlage dreht sich um den Versuch, mit dem Sara, Cosmo und Valentina in der Lektüre herausfinden wollen, ob es bunte Schatten gibt. Es empfiehlt sich, wie in der Lektüre mit Transparentpapier in Rot und Grün zu arbeiten, da andere Farben nicht zwingend ein so deutlich sichtbares Ergebnis liefern. Dies ist außerdem am besten mit zwei hellen und vor allem gleich starken Lampen erzielbar.

Erwartete Beobachtungen:
- Benutzt man eine Lampe, bleibt der Schatten dunkel, unabhängig von der Farbe des Lichts.
- Benutzt man zwei Lampen, teilt sich der Schatten in drei überlappende Teile: grün, dunkel und rot.

Erklärung: In der Mitte verdeckt die Figur das Licht beider Lampen, daher bleibt der Schatten dunkel. An den Rändern verdeckt sie jeweils nur das Licht einer Leuchte. Die andere strahlt dorthin, wo der Schatten der ersten Lampe zu sehen ist, und „färbt“ diesen mit ihrem Licht ein. Wo beide Lampen gleichzeitig ohne Schattenwerfer auf die Wand fallen, vermischen sich das rote und das grüne Licht zu einem hellen (weißen bis gelblichen) Ton.

Lösung
Aufgabe 1:
zwei Taschenlampen, Transparentpapier in Rot und Grün (etwa 10 x 10 cm groß), mehrere Gummiringe, eine Spielfigur

Aufgabe 2:
1. Ich wickle rotes und grünes Transparentpapier über die Köpfe der Taschenlampen.
2. Ich befestige das Papier mit den Gummiringen.

3. Ich stelle die Spielfigur zehn Zentimeter vor eine Wand.
4. Ich leuchte mit beiden Lampen auf die Spielfigur.

4. Kapitel
Schnüffler bei der Arbeit

Inhalt

Aufgrund des Ergebnisses des letzten Experiments ist auch Cosmo endlich davon überzeugt, dass es keine Geister gibt. Nun wollen die Einstein-Detektive erst recht herausfinden, wer den Kindern diesen bösen Streich spielt. Sie machen sich mit Valentina, Cem, Theo und dessen Hund Freddy auf den Weg zum Spielplatz, um den „Tatort" zu untersuchen. Doch dies bleibt ergebnislos.

Erst am nächsten Tag bringt Valentina Sara und Cosmo auf die Idee, dass sie an der falschen Stelle nach Spuren gesucht haben könnten. Sie gibt ihnen einen Tipp, wie sie mit einem Experiment nachweisen können, dass man Schatten lenken kann, dass diese also nicht immer genau gegenüber einer Lichtquelle entstehen müssen.

Gesprächs- und Schreibanlässe

Sara und Cosmo finden auf dem Spielplatz viel Müll.

- Welche Dinge, die dort nicht hingehören, hast du selbst schon auf Spielplätzen entdeckt?
- Was könnte man tun, damit Spielplätze sauber bleiben?

Auf die Frage nach den Ermittlungsergebnissen sagt Cosmo: „Alles für die Katz."

- Was meint er damit?
- Welche Sprichwörter und Redensarten kennst du?
- Warum sagt man manchmal nicht direkt, was man meint, sondern verwendet Redensarten?

Hinweise zu den Kopiervorlagen

Spurensuche
Mit dieser Kopiervorlage wird der Inhalt des 3. Kapitels wiederholt und das Textverständnis überprüft. Das Lösungswort bei Aufgabe 1 bietet eine Möglichkeit zur Selbstkontrolle. Notieren Sie als Hilfestellung für schwächere Schüler die Buchseiten, auf denen die benötigten Infos zu finden sind, auf der Innenseite der Tafel.

Lösung
Aufgabe 1:

	richtig	falsch
1. Jemand hat zufällig zwei Lampen auf den Spielplatz mitgebracht.		X
2. Cosmo, Sara, Cem, Theo und Valentina gehen zum Spielplatz.	X	
3. Freddy schnüffelt nach Leckerlis.		X
4. Am Rand des Spielplatzes steht eine graue Wand.	X	
5. Die Detektive suchen auf dem Spielplatz nach Spuren.	X	
6. Auf dem Schulhof schaukelt Sara.		X
7. Valentina lobt Sara und Cem.		X
8. Cosmo und Sara basteln gemeinsam für den nächsten Versuch.		X

Lösungssatz:
DU BIST EIN PRIMA <u>DETEKTIV</u>.

Aufgabe 2:
Es ist eine komische Gestalt aus Pappe. Sie hat rote Augen, eine lange grüne Zunge und zwei gebogene Hörner.

Cosmo und Sara ermitteln
Hier stehen Wortschatzerweiterung sowie die Wortarten Nomen und Verb im Fokus. Nennen Sie bei Aufgabe 1 schwächeren Schülern zur Unterstützung die Seiten (40 bis 43), auf denen sich die Begriffe finden, oder einen etwas darüber hinausgehenden Seitenabschnitt, in dem danach zu suchen ist. Bei Aufgabe 2 bietet sich eine Bearbeitung im Plenum oder in Gruppen an. Dabei sollte die Bedeutung der einzelnen Wörter geklärt werden, bevor entschieden wird, was angekreuzt wird. Zur Differenzierung können schnellere Schüler bei Aufgabe 4 alle Nomen heraussuchen und diese mit dem jeweils passenden Artikel ins Heft schreiben.

Lösung
Aufgabe 1:
Ermittler, Spürnase, Schnüffler

Aufgabe 2:
ermitteln, beobachten, befragen, aufklären, aufdecken, überwachen, beschatten

Aufgabe 3:
z.B. Cosmo und Sara gehen mit Lupe und Pinzette auf Spurensuche.

Aufgabe 4:
Detektiv – Ermittler, Gespenst – Geist, Angst – Furcht, laufen – rennen, Dunkelheit – Finsternis, tun – machen, Versuch – Experiment, reden – sprechen

KV Seite 26

Licht und Schatten lenken
Dass ein Schatten auch entstehen kann, wenn ein Objekt nicht direkt von einer Lichtquelle angestrahlt wird, lernen die Kinder durch den auf dieser Kopiervorlage dargestellten Versuch. Für das Experiment brauchen sie ein wenig Geduld, bis sie das Licht mit dem Spiegel „eingefangen“ und an die richtige Stelle gelenkt haben. Man kann den Versuch auch allein durchführen, etwa mit einer Stehlampe. Zu zweit ist es aber einfacher.

Erwartete Beobachtungen:
- Mit dem Spiegel kann man das Licht umgelenkt werden, auch hinter die Lichtquelle.
- Lenkt man das Licht mit dem Spiegel auf die Figur, fällt ein Schatten auf die Wand, obwohl die Lampe nicht direkt dorthin leuchtet.

Erklärung: Wenn das Licht auf den Spiegel fällt, wird es im gleichen Winkel, mit dem es aufgetroffen ist, weitergelenkt. So kann man „um die Ecke leuchten“.

Lösung
Aufgabe 1:
Taschenlampe, Spiegel, Spielfigur

Aufgabe 2:

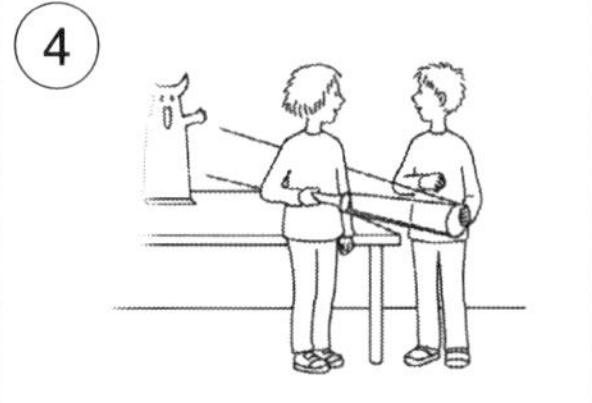

Aufgabe 3:
Wird der Versuch von den Kindern korrekt durchgeführt, ergeben sich die oben angeführten erwarteten Beobachtungen.

5. Kapitel
Eine heiße Spur

Inhalt

Valentinas Tipp mit dem Experiment bringt die Einstein-Detektive auf die richtige Spur. Sie untersuchen noch mal den Spielplatz und stoßen dabei in einem benachbarten Garten auf ein tolles Versteck: ein Gebüsch. Hier treffen sie auf Felix, der ihnen erzählt, dass dies der Unterschlupf seiner Schwester Kaja und der Bande *Die Mützen* ist. Fast werden sie dabei von den älteren Kindern überrascht. Sara und Cosmo beobachten diese und stellen schnell fest: Die Bande hat die jüngeren Kinder vertrieben, um den Spielplatz für sich allein zu haben. Im Gegenzug jagen die Detektive nun den *Mützen* mit einem Trick einen Schreck ein: Sie lassen die brennende Kerze der Bande in einem Glas mit Wasser „herumgeistern“. Als Kaja das sieht, glaubt sie selbst an einen Spuk.

Gesprächs- und Schreibanlässe

Cosmo und Sara suchen nach dem Versteck der Täter.
- Hast du bei dir zu Hause ein Versteck? Wo versteckst du dich am liebsten?
- Wenn du dir ein Versteck aussuchen könntest, wie sollte das aussehen?

Sara ist sportlich und klettert gerne. Cosmo ist von Sport wenig begeistert.
- Was kannst du besonders gut?
- Wie kannst du andere davon überzeugen, eine neue Sportart oder ein neues Hobby auszuprobieren?

Hinweise zu den Kopiervorlagen

Den Tätern auf der Spur
Hier wird das Textverständnis des 5. Kapitels überprüft und genaues Lesen trainiert. Die Schüler müssen sich bei Aufgabe 1 jeweils zwischen zwei Antworten entscheiden. Beide Aussagen sind so formuliert, dass sich nur mit genauer Textkenntnis bestimmen lässt, was korrekt ist.

Lösung
Aufgabe 1:
1. Weil man Schatten um die Ecke lenken kann.
2. Über einen Zaun.

3. Eine CD und den Stiel eines Lollis.
4. Felix erschreckt die Detektive.
5. *Die Mützen.*
6. Sie spiegeln ihre Kerze im Wasser.

Aufgabe 2:
Das Kind, das den Schatten geworfen hat, hatte eine Mütze mit Hörnern auf.

KV Seite 28

Das Versteck
Verstecke sind für Kinder im Grundschulalter besonders spannend. So geht dieses Arbeitsblatt von dem im Buch beschriebenen Unterschlupf der *Mützen* aus und regt die Schüler dazu an, sich einen Bandennamen und ein Versteck auszudenken. Lassen Sie die Kinder vor Bearbeitung der Aufgabe 3 ausführlich über den möglichen Unterschlupf sprechen, um eine Grundlage für den benötigten Wortschatz zu schaffen.

Lösung
Aufgabe 1:
Das Versteck ist in einem großen Gebüsch. Es ist eine richtige Höhle mit grünem Blätterdach. Auf niedrigen Ästen kann man bequem sitzen.

KV Seite 29

Spiegelbild im Wasser
Diese Kopiervorlage widmet sich dem Experiment aus der Lektüre, bei dem es um Spiegelung geht. Statt eines Teelichts können LED-Teelichte, LED-Kerzen oder kleine Taschenlampen als Versuchsobjekte verwendet werden. Diese sollten allerdings ziemlich hell leuchten, damit man die Spiegelung gut sieht. Anstelle einer CD-Hülle funktioniert auch ein leerer Glasbilderrahmen. Der Vorteil der Hülle besteht jedoch darin, dass sie gut von selbst steht, wenn man sie leicht geöffnet aufstellt.

Erwartete Beobachtung: Die Spiegelung des Teelichts wird genau im Wasserglas sichtbar.

Erklärung: Man kann zwar durch den Deckel der CD-Hülle hindurchsehen, aber gleichzeitig spiegelt er das Licht. Das Spiegelbild erscheint immer genau so weit hinter dem Spiegel, wie das gespiegelte Objekt davorsteht. Daher muss die CD-Hülle genau in die Mitte zwischen Kerze und Wasserglas platziert werden, damit es so aussieht, als befände sich die Kerze im Wasserglas.

Lösung
Aufgabe 1:
Wasserglas, Streichhölzer, Teelicht, CD-Hülle

Aufgabe 2:
1. Stell das Wasserglas auf einen stabilen Tisch.
2. Zünde das Teelicht an und stell es auch auf den Tisch.
3. Nimm das Papier aus dem Deckel der CD-Hülle.
4. Stell die CD-Hülle geöffnet zwischen Teelicht und Glas. Der durchsichtige Deckel muss genau in der Mitte sein.

6. Kapitel
Der Spuk hat ein Ende

Inhalt

Sara und Cosmo nutzen den Schrecken, den sie der Kinderbande eingejagt haben, um aus ihrem Versteck aufzutauchen und die älteren Kinder zur Rede zu stellen. Nachdem diese selbst vor einem vermeintlichen Spuk Angst bekommen haben, zeigen sie sich schnell einsichtig, dass die Streiche mit den Schattengespenstern sehr gemein waren. Als Wiedergutmachung verlangt Cosmo, dass die Bande allen Kindern zeigt, wie sie die Schatten gemacht haben. Außerdem teilt die Bande als Zeichen der Versöhnung ihre Marshmallows mit den Detektiven.

Gesprächs- und Schreibanlässe

Sara und Cosmo stellen Kaja und ihre Bande zur Rede.
- Wie fühlen sich die Einstein-Detektive dabei? Und wie geht es den *Mützen*?
- Warum ist es wichtig, manchmal etwas zu sagen, auch wenn man Angst hat?
- Warum sollte man zugeben, wenn man einen Fehler gemacht hat?

Cosmo überlegt, ob *Die Mützen* bestraft werden sollen.
- Muss es immer eine Strafe geben, wenn jemand etwas Falsches getan hat?
- Findest du die Wiedergutmachung, die Cosmo sich ausdenkt, gerecht?

Hinweise zu den Kopiervorlagen

KV Seite 30

Fall gelöst
Im letzten Kapitel des Buches spielen die wechselnden Gefühle der Protagonisten eine wichtige Rolle. Mit diesem Arbeitsblatt werden diese Emotionen herausgearbeitet. Erläutern Sie bei Aufgabe 1 mit den Schülern, was hinter den Gefühlen steht: Warum hat Cosmo z. B. anfangs noch Angst und weshalb sind *Die Mützen* plötzlich verlegen? Zu Aufgabe 2 bietet es sich an, über den Sinn von Strafen zu sprechen. Erörtern Sie mit den Schülern, was diese bewirken sollen und inwiefern Wiedergutmachung besser ist. Wo liegt der Unterschied?

Lösung
Aufgabe 1:

Kaja (Seite 59, Zeile 1 bis 3)	ängstlich
Cosmo (Seite 59, Zeile 6 bis 9)	ängstlich
Sara (Seite 60, Zeile 14 bis 17)	wütend
Die Mützen (Seite 61, Zeile 1 bis 5)	verlegen
alle (Seite 63, Zeile 7 bis 20)	fröhlich

Aufgabe 2:
Die Mützen müssen allen Kindern zeigen, wie sie die Schatten gemacht haben. Sie sollen außerdem Sara und Cosmo ein paar von ihren Marshmallows abgeben.

Aufgabe 3:
Die Einstein-Detektive haben den Fall gelöst. Alle Kinder können wieder auf den Spielplatz.

Weißt du Bescheid?
In diesem Kreuzworträtsel werden Details aus der Lektüre abgefragt. Der Lösungssatz dient dabei zur Selbstkontrolle. Schwächere Schüler können Sie dadurch unterstützen, dass Sie hinter den Fragen die Seiten angeben, auf denen die Lösungen zu finden sind.

Lösung

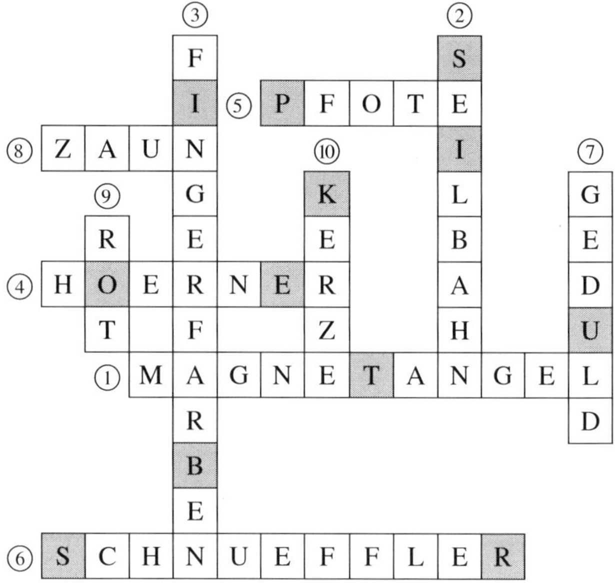

Lösungssatz:
DER SPUK IST VORBEI.

Nach der Lektüre

Gesprächs- oder Schreibanlass

Lassen Sie nach der Lektüre den Inhalt des Buches mit ihren Schülern noch einmal Revue passieren.

- Was hat dir am Buch am meisten gefallen? Was hast du nicht gemocht?
- Wie fandest du die Experimente? Was war dein Lieblingsversuch?
- Welche anderen Versuche würdest du gerne ausprobieren?

Hinweise zur Kopiervorlage

Meine Buchbewertung
Zum Abschluss der Lektüre bietet sich eine Buchbewertung an. Jedes Kind kann schriftlich dazu Stellung nehmen, was ihm gut und was ihm weniger gut gefallen hat. Angesprochen wird auch die Lieblingsstelle im Buch, die zusätzlich in einem Bild festgehalten werden kann. Wenn die Schüler alle Materialien in einer Mappe oder einem Forscherbuch gesammelt haben, kann dieses Bild den Abschluss darstellen.

Zum Buch

Schau dir das Bild genau an. Was siehst du? Schreibe in ganzen Sätzen.

Das Bild gehört zum Umschlag eines Buches. Worum könnte es in der Geschichte gehen? Kreuze eine oder mehrere der Ideen an oder schreibe eine eigene auf.

- ☐ Um ein Versteckspiel
- ☐ Um einen kleinen Teufel
- ☐ Um superschlaue Detektive
- ☐ Um einen Abenteuerspielplatz
- ☐ Um ein unheimliches Gespenst
- ☐ Um ein gruseliges Monster
- ☐ Um

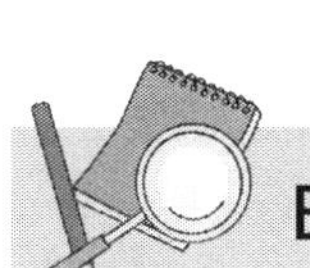

Erfinde eine kurze Geschichte zu dem Bild.

Name:

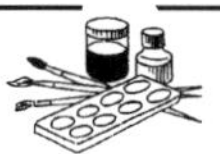

lesen **schreiben** sprechen Spracharbeit malen forschen rätseln

Die Einstein-Detektive

Im Buch gibt es zwei Detektive. Fülle die Steckbriefe der beiden Kinder aus.

Name: ____________________

Bester Freund: ____________________

Hobbys: ____________________

____

Familie: ____________________

____

Name: ____________________

Beste Freundin: ____________________

Hobbys: ____________________

____

Familie: ____________________

____

Welche Orte kommen im 1. Kapitel vor? Kreuze an.

Lies auf den Seiten 9 bis 13 nach.

- ☐ Saras Kinderzimmer
- ☐ Schule
- ☐ Cosmos Kinderzimmer
- ☐ Spielplatz
- ☐ Hof hinter Saras Haus
- ☐ Bushaltestelle

Name:

lesen **schreiben** **sprechen** **Spracharbeit** malen forschen rätseln

Alles zusammengesetzt

Im 1. Kapitel kommen viele zusammengesetzte Nomen vor. Verbinde die Wörter richtig.

Lies auf den Seiten 9 bis 17 nach.

Magnet •	• Ausrüstung
Kinder •	• Zeit
Haustür •	• Kasten
Detektiv •	• Zimmer
Müll •	• Tonne
Seil •	• Schlüssel
Blumen •	• Angel
Uhr •	• Bahn

Schreibe die Wörter von oben richtig auf. Setze den Artikel (Begleiter) dazu.

Sara hat ein neues Wort, den Viel-Platz, erfunden. Was bedeutet es? Besprich dich mit einem Partner.

Name:

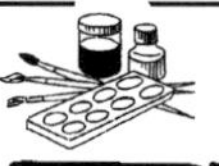

lesen **schreiben** sprechen Spracharbeit **malen** **forschen** rätseln

Versuchsprotokoll

Fülle den Bogen für deinen Versuch aus. Male den Versuchsaufbau in den Kasten.

Name des Versuchs:

Material:

Versuchsaufbau:

Was wird vermutlich passieren?

Was ist passiert?

Warum ist das passiert?

Name:

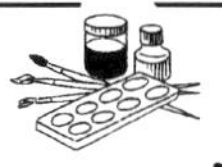
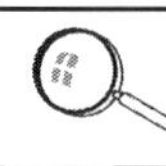

lesen schreiben **sprechen** Spracharbeit malen **forschen** rätseln

Wie groß ist ein Schatten?

Auf Seite 17 und 18 im Buch führen Sara und Cosmo einen Versuch durch.

Hier siehst du, was du für das Experiment brauchst. Kreuze dazu die richtigen Wörter an.

- ☐ Zettel
- ☐ Maßband
- ☐ Schere
- ☐ Uhr
- ☐ Stift
- ☐ Wolke
- ☐ Lupe
- ☐ Sonnenschein
- ☐ Handy

Lies, wie man den Versuch durchführt. Bringe die Sätze mit Zahlen in die richtige Reihenfolge.

- ◯ Wiederhole das Experiment zu verschiedenen Uhrzeiten.
- ◯ Stell dich so, dass die Sonne hinter dir ist.
- (1) Geh nach draußen an einen sonnigen Platz.
- ◯ Notiere die Länge des Schattens in der Tabelle.
- ◯ Lass einen Partner die Länge des Schattens messen.
- ◯ Notiere die Uhrzeit in der Tabelle.

Übertrage die Tabelle in dein Heft. Führe den Versuch durch und notiere die Ergebnisse. Besprich dich mit deinem Partner.

Uhrzeit	Länge des Schattens

Name:

    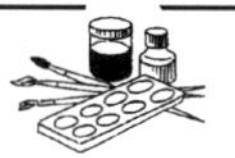  

lesen **schreiben** sprechen Spracharbeit malen forschen rätseln

Zeugenbefragung

Sara und Cosmo finden etwas über den Riesenschatten heraus.

Wann ist der vier Meter lange Schatten wahrscheinlich entstanden? Kreuze an.

☐ um Mitternacht ☐ am Morgen oder am Abend ☐ am Mittag

Was weißt du über Sara, Cosmo, Clara und Felix? Schreibe die Wörter richtig in die Lücken.

Cosmo und Sara sind ____________ (TEKEDIVET).

Clara und Felix sind ____________ (ZEGNEU).

Clara und Felix malen mit ____________ (FERFINREGBAN).

Sie bemalen das ____________ (STERNEF).

Clara malt ____________ (STREEN).

Felix patscht ____________ (ÄHDEN) ans Fenster.

Felix' große Schwester heißt ____________ (JAKA).

Was sagt Cosmo über Clara? Verbinde von links nach rechts.

	• Zähne •		• rot •		• Käse.
	• Hände •		• stinkig •		• Schnecken.
Deine •		• sind so •		• wie •	
	• Ohren •		• groß •		• das Meer.
	• Zehen •		• alt •		• Tomaten.

Name:

lesen **schreiben** sprechen **Spracharbeit** malen forschen rätseln

So rot wie …

Cosmo findet einen Vergleich: „Clara, deine Ohren sind so rot wie Tomaten.“ Solche Vergleiche machen Geschichten lebendiger und spannender.

Welche Eigenschaften passen zu den Tieren? Verbinde die Wörter mit den Bildern.

groß •

klein •

bunt •

schnell •

langsam •

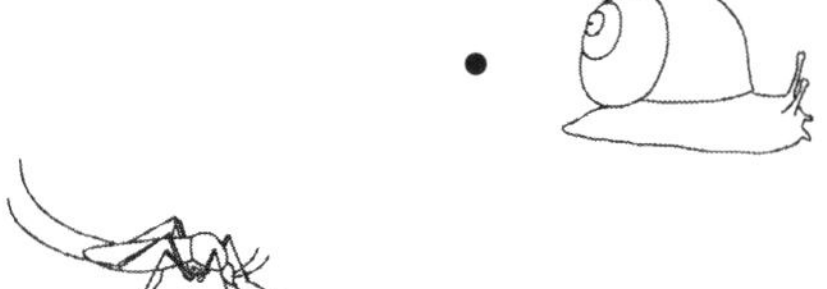

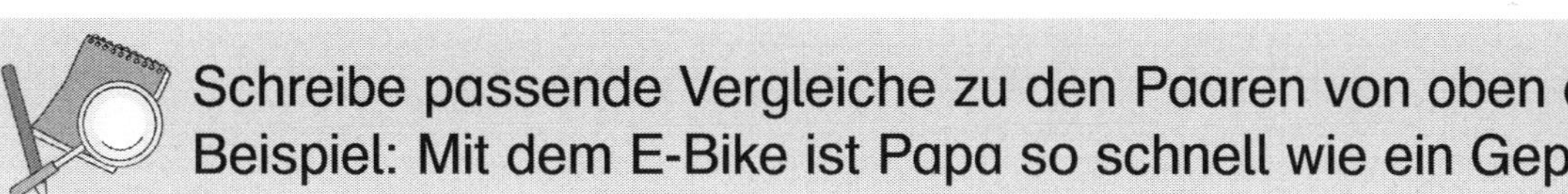

Schreibe passende Vergleiche zu den Paaren von oben auf. Beispiel: Mit dem E-Bike ist Papa so schnell wie ein Gepard.

Du kannst Adjektive auch steigern. Verwende bei deinen Vergleichen die erste Steigerungsform. Beispiel: Mit dem E-Bike ist Papa schneller als ein Gepard. Schreibe vier Sätze in dein Heft.

Name:

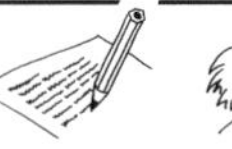

lesen **schreiben** sprechen Spracharbeit malen **forschen** rätseln

Ein doppelter Schatten

Hier siehst du, was für den Versuch nötig ist. Schreibe auf, was du brauchst.

Du brauchst zwei ____________________

und eine ____________________.

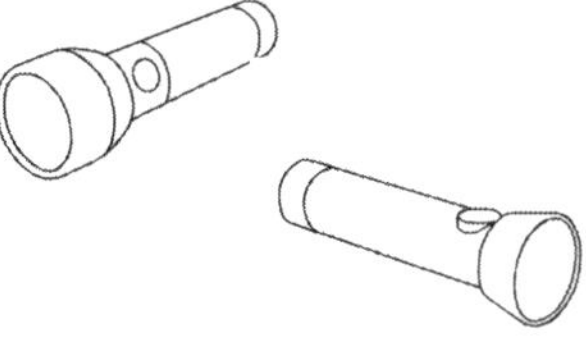

Lies, wie man den Versuch durchführt. Entscheide bei 4. und 5., welches Bild zu welchem Text gehört. Trage die Buchstaben richtig ein.

1. Stell die Spielfigur vor eine weiße Wand.
2. Richte beide Taschenlampen auf die Figur. Schalte sie ein.
3. Halte die Lampen gerade nebeneinander.
4. Bewege die Lampen ein Stück auseinander. Du siehst den Schatten wie bei ☐.
5. Bewege die Lampen nah zueinander. Du siehst den Schatten wie bei ☐.

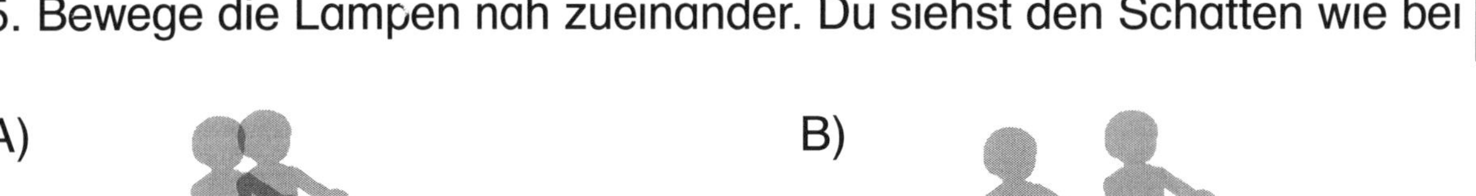

A)

B)

Mach den Versuch nach und überprüfe deine Zuordnung in Aufgabe 2.

Name:

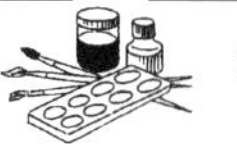

lesen schreiben sprechen Spracharbeit malen forschen rätseln

Neue Ermittlungen

Das 3. Kapitel des Buches besteht aus mehreren Teilen. Ordne die Abschnitte den Sätzen zum Inhalt zu. Schreibe dafür die Zahlen von 1 bis 5 in die Kreise.

Buchabschnitt
1. Seite 28 bis 29
2. Seite 29 bis 31
3. Seite 31 bis 32
4. Seite 32 bis 35
5. Seite 35 bis 37

	Inhalt
◯	Es spielen wieder viele Kinder auf dem Spielplatz. Aber Sara und Cosmo ermitteln weiter.
◯	Valentina hilft den Detektiven bei einem Versuch.
◯	Sara und Cosmo erzählen von ihrem Experiment. Das Ergebnis: Es gibt keinen Spuk.
◯	Sara und Cosmo suchen Cem und Theo und befragen sie.
◯	Sara und Cosmo erfahren von einem neuen Spuk: einem bunten Schatten.

Im 3. Kapitel kommen viele neue Namen vor. Finde sie und schreibe sie in die Lücken.

__________ ist eine Klassenkameradin von Sara und Cosmo.

Der Freund von Sara und Cosmo, der Tiere mag, heißt __________.

__________ ist der Freund von Sara und Cosmo, der gerne backt.

Der Hund heißt __________ und gehört __________.

Name:

lesen **schreiben** sprechen Spracharbeit **malen** forschen rätseln

Geschichte eines Schattens

Sara ist sich sicher, dass es keinen Spuk gibt. Cosmo sagt dazu: „Aber den Doppelschatten, den gab es wirklich. Und wo kam der her?“

Wer könnte den Schatten werfen? Schreibe drei möglichst unterschiedliche Antworten auf.

Erfinde eine Geschichte zum Doppelschatten. Wähle eine deiner Antworten von oben. Was macht das Wesen auf dem Spielplatz? Was erlebt, denkt und fühlt es? Schreibe deine Geschichte auf.

Male auf deinen Block ein Bild zu deiner Geschichte.

Name:

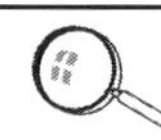

lesen | **schreiben** | **sprechen** | Spracharbeit | malen | **forschen** | **rätseln**

Bunte Schatten

Für den Versuch brauchst du verschiedene Dinge. Setze die Silben zu Wörtern zusammen. Schreibe in die Felder.

Lies auf den Seiten 35 bis 37 nach.

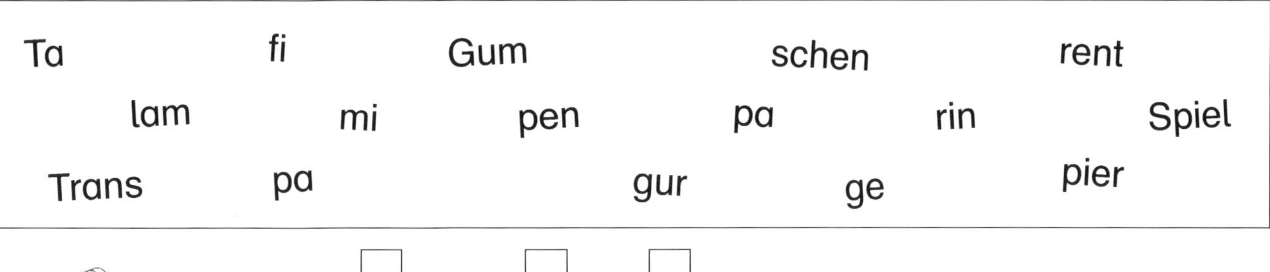

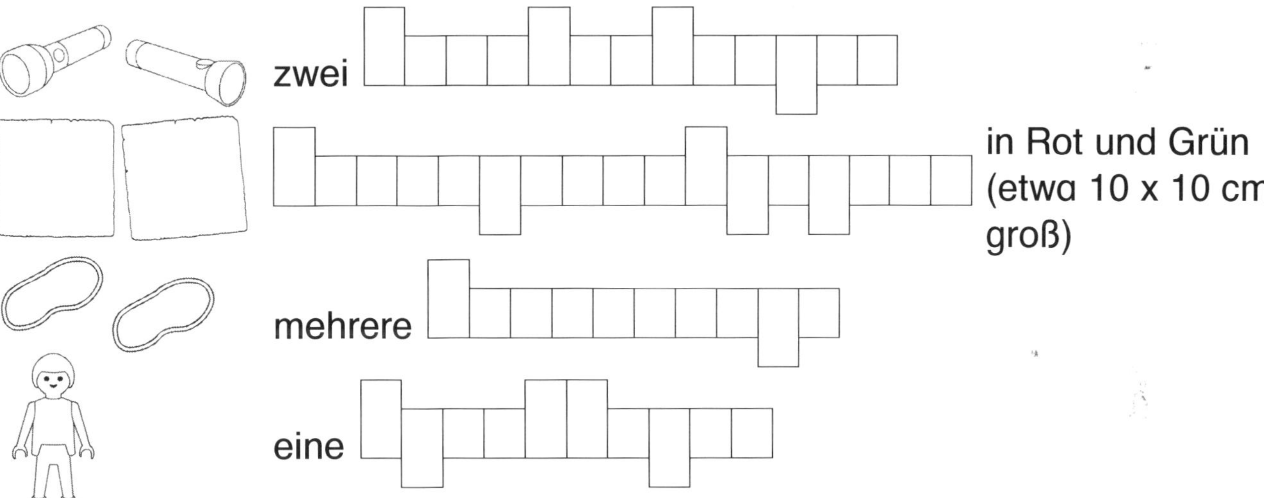

Hier siehst du, wie man den Versuch durchführt. Schreibe zu jedem Bild auf deinen Block, was du tun musst.

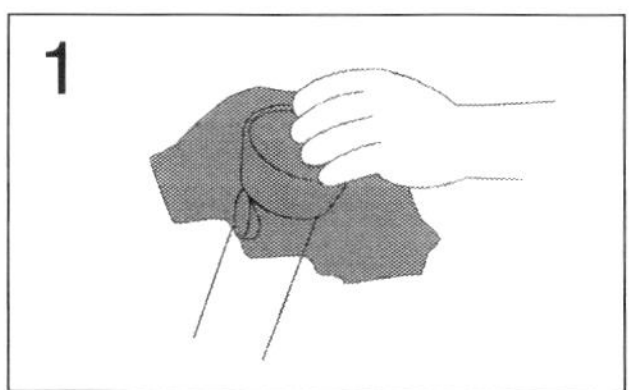

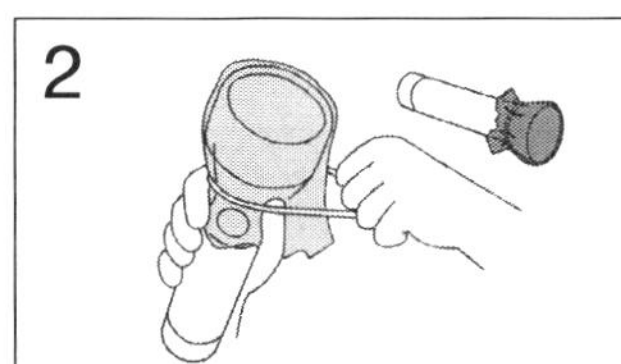

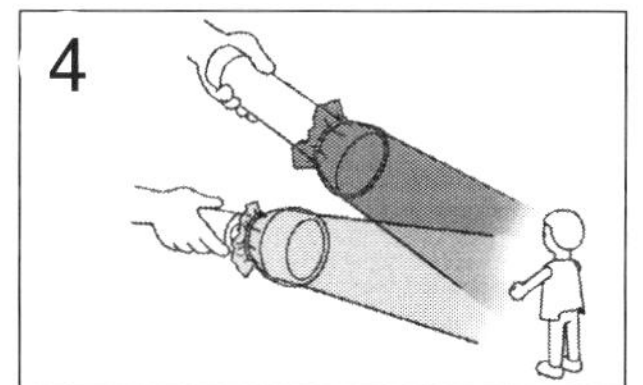

Führe den Versuch mit einem Partner durch. Besprecht, was ihr beobachtet.

Name:

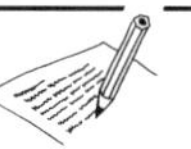

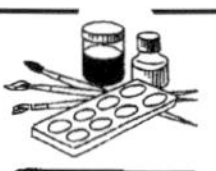

lesen schreiben sprechen Spracharbeit **malen** forschen rätseln

Spurensuche

Sind die Sätze richtig oder falsch? Male das passende Feld gelb an. Trage die Lösungsbuchstaben unten ein.

	richtig	falsch
1. Jemand hat zufällig zwei Lampen auf den Spielplatz mitgebracht.	S	V
2. Cosmo, Sara, Cem, Theo und Valentina gehen zum Spielplatz.	I	A
3. Freddy schnüffelt nach Leckerlis.	N	T
4. Am Rand des Spielplatzes steht eine graue Wand.	K	Ü
5. Die Detektive suchen auf dem Spielplatz nach Spuren.	E	N
6. Auf dem Schulhof schaukelt Sara.	H	T
7. Valentina lobt Sara und Cem.	C	E
8. Cosmo und Sara basteln gemeinsam für den nächsten Versuch.	S	D

Lösungssatz:

DU BIST EIN PRIMA ___ (8) ___ (7) ___ (6) ___ (5) ___ (4) ___ (3) ___ (2) ___ (1).

Cosmo hat eine Figur gebastelt. Wie sieht sie aus? Schreibe auf. Male die Figur richtig an.

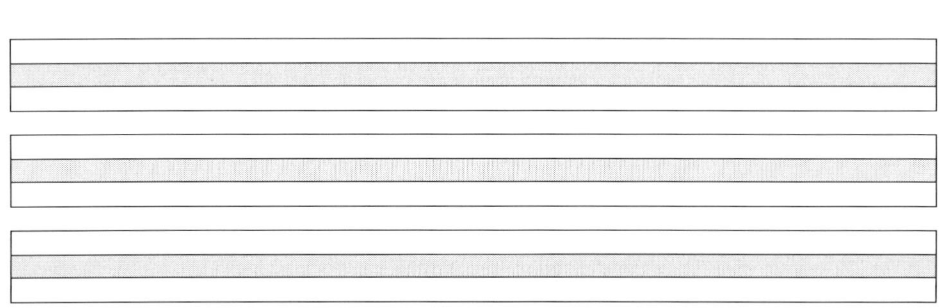

Name:

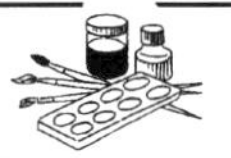

lesen **schreiben** sprechen **Spracharbeit** malen forschen rätseln

Cosmo und Sara ermitteln

Cosmo und Sara sind Detektive. Welche anderen Nomen für Detektiv stehen im 4. Kapitel? Kreise sie ein.

Polizist Ermittler Privatdetektiv
Spürnase Schnüffler Inspektor

Was tun Detektive? Kreuze die passenden Verben an.

- ☐ ermitteln
- ☐ untergraben
- ☐ beobachten
- ☐ vertuschen
- ☐ befragen
- ☐ aufklären
- ☐ aufdecken
- ☐ aufsehen
- ☐ überwachen
- ☐ beschatten
- ☐ aufwachen

Womit suchen Cosmo und Sara auf dem Spielplatz nach Spuren? Schreibe einen ganzen Satz auf.

Lies auf den Seiten 41 und 42 nach.

Für vieles gibt es zwei Wörter. Verbinde die Paare.

Gespenst Angst Detektiv laufen Dunkelheit
tun Versuch rennen Finsternis reden Ermittler
Geist machen Furcht Experiment sprechen

Name:

 lesen 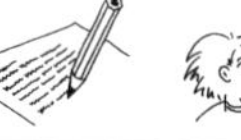 schreiben  sprechen  Spracharbeit 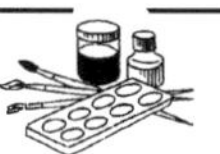 malen  forschen  rätseln

Licht und Schatten lenken

Was brauchst du für den Versuch? Lies die Wörter rückwärts. Schreibe sie richtig auf.

EPMALNEHCSAT, LEGEIPS, RUGIFLEIPS

Der Versuch besteht aus vier Schritten. Ordne jedem Textabschnitt ein Bild zu. Trage die Zahlen richtig ein.

1. Stell die Figur vor eine weiße Wand, am besten auf einen Tisch oder ein Regal.

2. Stell dich selbst mit dem Rücken zur Figur. Leuchte mit der Taschenlampe geradeaus.

3. Dein Partner steht neben dir. Er bewegt den Spiegel hin und her, bis er das Licht eingefangen hat.

4. Dein Partner lenkt das Licht auf die Figur.

Führe den Versuch mit einem Partner durch. Was seht ihr? Besprecht euer Ergebnis.

Name:

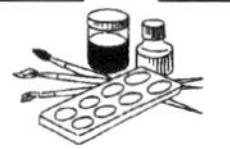

lesen **schreiben** sprechen Spracharbeit malen forschen rätseln

Den Tätern auf der Spur

Welche Antwort ist richtig? Kreuze an.

1. Warum müssen Sara und Cosmo noch einmal nach Spuren suchen?
- ☐ Weil sie nicht sorgfältig gesucht haben.
- ☐ Weil man Schatten um die Ecke lenken kann.

2. Wo klettern Sara und Cosmo?
- ☐ Über einen Zaun.
- ☐ Auf ein Klettergerüst.

3. Was finden Sara und Cosmo im Gebüsch?
- ☐ Einen Spiegel und einen Lolli.
- ☐ Eine CD und den Stiel eines Lollis.

4. Wer überrascht Sara und Cosmo im Gebüsch?
- ☐ Kaja taucht plötzlich auf.
- ☐ Felix erschreckt die Detektive.

5. Wie heißt Kajas Bande?
- ☐ *Die Mützen.*
- ☐ *Die Schatten.*

6. Wie zahlen die Detektive den *Mützen* ihren Spuk heim?
- ☐ Sie werfen ihre Kerze ins Wasser.
- ☐ Sie spiegeln ihre Kerze im Wasser.

Warum hatte ein Schatten Hörner? Erkläre.

Name:

lesen
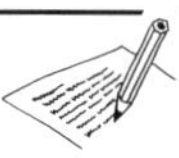
schreiben

sprechen

Spracharbeit

malen

forschen

rätseln

Das Versteck

Sara und Cosmo entdecken das Versteck der Bande *Die Mützen*.

Wie sieht das Versteck aus? Schreibe auf.

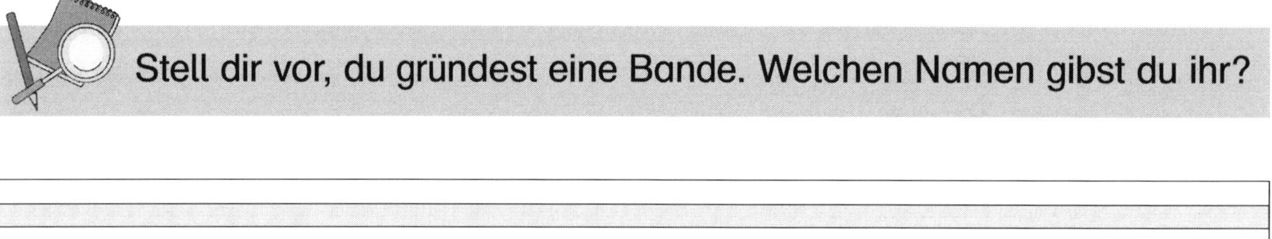

Stell dir vor, du gründest eine Bande. Welchen Namen gibst du ihr?

Wie würde das Versteck deiner Bande aussehen? Beschreibe es genau: Wo liegt es? Wie sieht es dort aus? Welche Gegenstände oder Möbel gibt es dort?

Male dein Versteck auf deinen Block.

Name:

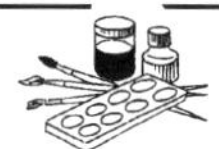
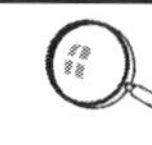

lesen **schreiben** sprechen Spracharbeit malen **forschen** rätseln

Spiegelbild im Wasser

Hier siehst du, was du für den Versuch brauchst. Verbinde die richtigen Wortteile.

Achtung! Auf jeder Seite bleiben drei Wörter übrig.

WASSER •	• HÖLZER
CB- •	• GANS
STREICH •	• LICHT
WAFFEL •	• LIFT
TEE •	• HÖRNER
CD- •	• GLAS
STREIF •	• HÜLLE

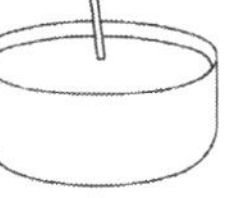
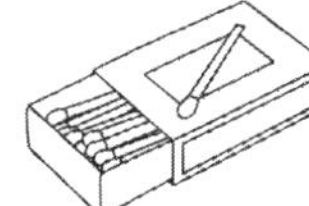
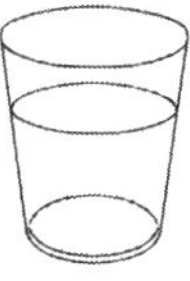

Der Versuch ist hier in Stichworten beschrieben. Schreibe die Anweisungen in ganzen Sätzen auf.

1. Wasserglas: auf stabilen Tisch stellen

2. Teelicht: anzünden, auf Tisch stellen

3. CD-Hülle: Papier aus Deckel nehmen

4. CD-Hülle: geöffnet, zwischen Teelicht und Glas stellen, durchsichtiger Deckel genau in der Mitte

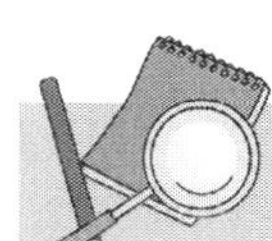

Führe den Versuch durch. Fotografiere dein Ergebnis oder male es.

Name:

lesen **schreiben** sprechen Spracharbeit malen forschen rätseln

Fall gelöst

Wie fühlen sich die Kinder am Ende des Falles? Lies im Buch nach. Male den passenden Smiley an. Schreibe ein geeignetes Adjektiv dahinter.

Kaja (Seite 59, Zeile 1 bis 3)	😊 ☹ 😐 😮	
Cosmo (Seite 59, Zeile 6 bis 9)	😊 ☹ 😐 😮	
Sara (Seite 60, Zeile 14 bis 17)	😊 ☹ 😐 😮	
Die Mützen (Seite 61, Zeile 1 bis 5)	😊 ☹ 😐 😮	
alle (Seite 63, Zeile 7 bis 20)	😊 ☹ 😐 😮	

Welche Strafe und Wiedergutmachung denken sich Cosmo und Sara für *Die Mützen* aus? Schreibe in dein Heft.

Fülle die Lücken in den Sätzen.

Die Einstein-Detektive haben den ________ gelöst. Alle ________ können wieder auf den ________.

Name:

lesen schreiben sprechen Spracharbeit malen forschen **rätseln**

Weißt du Bescheid?

Hast du das Buch aufmerksam gelesen? Löse das Kreuzworträtsel und ergänze den Lösungssatz.

Achtung:
Ö = OE,
Ü = UE!

1. Was basteln Sara und Cosmo für ihre Detektivausrüstung?
2. Wo gibt es auf dem Spielplatz fast immer eine lange Schlange?
3. Womit malen Clara und Felix?
4. Was hat der Schatten auf dem Kopf?
5. Was gibt Freddy im Garten?
6. Cosmo sagt: „Freddy ist ein …, so wie die Einstein-Detektive."
7. Sara seufzt bei der Suche. Sie weiß: Schnüffler brauchen echt viel …
8. Über was klettert Cosmo nicht gern?
9. Welche Farbe hat Kajas Mütze?
10. Was wird im Wasserglas gespiegelt?

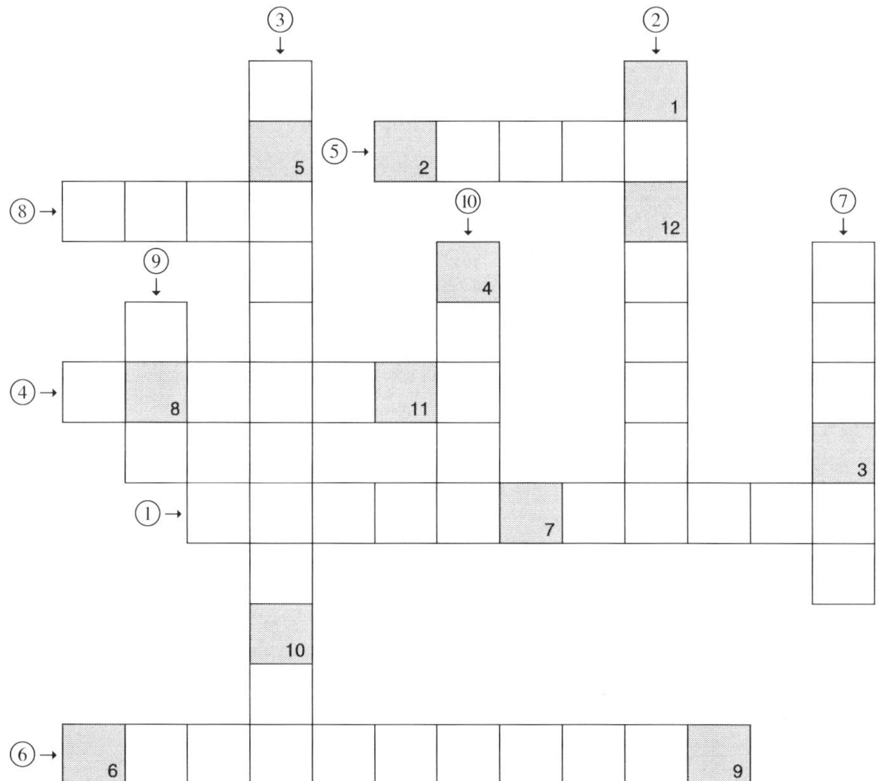

DER [1] [2] [3] [4] [5] [6] [7] V [8] [9] [10] [11] [12].

Name:

lesen **schreiben** sprechen Spracharbeit **malen** forschen rätseln

Meine Buchbewertung

Was hat dir an dem Buch gefallen? Was nicht? Schreibe auf und kreuze an.

Mir hat gefallen, dass

Mir hat nicht gefallen, dass

Das ist meine Lieblingsfigur:

☐ ☐ ☐ ☐ ☐ ☐

Das war mein Lieblingsexperiment:

☐ Wie groß ist ein Schatten?
☐ Ein doppelter Schatten
☐ Bunte Schatten
☐ Licht und Schatten lenken
☐ Spiegelbild im Wasser

Das ist meine Lieblingsstelle:

Male ein Bild von deiner Lieblingsstelle auf deinem Block.